LK 7/2729

PROCEZ VERBAL ET ATESTATIONS

D'VN SIGNALÉ MIracle fait en l'Abbaye de Faremonſtier, le troiſieſme Aouſt 1622. Auec la declaration de Monſeigneur l'Eueſque de Meaux ſur iceluy.

Par le commandement de Monſeigneur l'Eueſque de Meaux.

A PARIS,
Chez Ioſeph Guerreau, ruë S. Iacques, à la petite Hotte, pres S. Yues.
M. DC. XXIII.

PROCEZ VERBAL ET ATEStations d'vn signalé Miracle faict en l'Abbaye de Faremonstier, le troisiesme Aoust 1622. auec la declaration de Monseigneur l'Euesque de Meaux sur icelüy.

CE iourd'huy sixiesme iour du mois d'Aoust mil six cens vingt-deux, sur l'aduis donné à Monseigneur le Reuerendissime Euesque de Meaux, tant de viue voix que par escrit qu'en l'Abbaye de nostre Dame de Faremonstier, Ordre sainct Benoist audict Diocese, qu'à la descente & ouuerture de la Chasse de saincte Fare fondatrice de ladicte Abbaye, Dieu auoit operé quelques merueilles à l'attouchement des Reliques y encloses; Ledit seigneur Euesque ne pouuãt se trasporter en ladite Abbaye, pour quelques autres occupatiõs, auroit dõné mandemẽt à nous Iean Cheuallier Prestre, Bachelier en droit canõ Chancellier & Chanoine en l'Eglise cathedralle dudit Meaux, Vicaire ge-

A

neral & Official dudict sieur Euesque: de nous transporter audit Faremostier pour en informer, & dresser procez verbal, pour y estre foy adioustée a l'aduenir, à ce qu'aucun n'en puisse auoir occasion d'en doubter; nous serions transportez audit lieu, assistez de maistre Abraham de Laistre Prestre Promoteur de l'Officialité de Meaux, & enuiron les quatre à cinq heures du soir à l'issuë des Vespres conuetuelles, chantez par les Religieuses, serions monté à la grande Grille du chœur d'icelle Abbaye, où se seroit presentée madame Françoise de la Chastre Abbesse dudict lieu, assistée de ses Religieuses & conuent, dont les noms ensuiuent. Assauoir, Sœurs Loyse de la Chetardie grande Prieure, Bonne Seguinard, Iacqueline de Menou, Anthoinette Hebrard, Loyse André, Aymée de Verdelot, Françoise Thierry, Barbe de Maniquet, Ieanne de Tudert, Anne de la Place, Marie Cheuallier, Claude Alleaume, Estiennette Nauarrot, Loyse de Mateflon, Margueritte du Tillet, Paulle Fauiere, Marguerite de la Mesiniere, Charlotte du Drac, Marie Oliuier, Marie de Menou, Chaterine de Fortbois Marie Guerré, Barbe Lescot, Angelicque de Vieure, Marie de Longueil, Margueritte Volant, Agardresme de Coqueborne, Marie Grisson : Religieuses professes, Sœurs Françoise de Balsac, Charlotte d'Estempes, Elizabeth Bouin, Margueritte Puget, Loyse Cheuallier Nouices, Sœurs Marie le Begue, Fare Mallet, Ieanne Grisar, Catherine Gallet, susanne de Piquigny, Françoise Galmet, Bastienne Henry, Marie Bosse, Michelle Moreau, Margueritte de Sully Sœurs Layes, Elizabeth Oliuier, Anne de Chémé, Elizabeth Boyer, Marie Noel, Margueritte Laurent, Ardianne Maillard seculieres. Lesquels adiurees, de dire verité sur ce que les aurions enquises, nous auroient dict & déposé par l'organe de ladicte Dame Abbesse, que le iour de l'Inuention des Reliques sainct Estienne, troisiesme iour du present mois d'Aoust, enuiron vne heure apres midy : sur la crainte que ladicte Dame Abbesse auoit de l'armee des Reistres, conduicte par le Compte de Mansfeld.

Elle auroit prins resolution de descendre la chasse saincte Fare, couuerte d'vne l'ame d'argent, pour l'enuoyer auec les plus precieux meubles de la maison, en lieu de seureté, en la ville de Paris; & faict faire ouuerture d'icelle, par maistre Michel Loupuet, Prestre, Confesseur ordinaire des Religieuses, & Toussaints Mangin aussi Prestre, faisant la charge de soubs Diacre en ladicte Eglise, lesquels auroient tiré & mis hors d'icelle chasse les Reliques y encloses, & presenté a baiser, & venerer ausdictes Dames Abbesses & Religieuses, pour se recommander & toute la maison aux prieres de ladicte saincte Fare, auparauant que de transporter ladicte chasse, & particulierement sœur Charlotte le Bret, Religieuse professe dudit lieu, aagée de vingt sept ans, laquelle ayant perdu l'œil gauche, dés l'aage de sept ans, & puis en l'annee mil six cens dixsept, seroit demeurée entierement Aueugle par accident d'vn grand cathare, auroit esté amenée deuant ladicte Chasse & Reliques pour les venerer, & pour en receuoir quelque allegement, en l'aueuglemét qui luy estoit arriué, nonobstant tous les remedes que ses parēs & amis y auroient fait faire, estāt sortie a cest effect par deux fois, pour aller en la ville de Paris, consulter les plus excellents & experts Medecins du Roy, & autres, & pratiquer leurs ordonnances entre autres messieurs du Laurent, Duret, Mayerne du Ronchet, Seguin, Granger, Tournel, Bouchonniere tous demeurās à Paris, & Mayerne à presēt en Angleterre, & autres Medecins du pays, comme messieurs Linocier, Brayer, & Fourré, tous lesquels au rapport de ladicte le Bret l'ont asseuree & resoluë qu'elle auoit les yeux morts, & la veuë perduë & esteinte, icelle le Bret se confiant en la grace de Dieu, & aux merites de ladicte saincte, à laquelle elle a tousiours eu particuliere deuotion, se seroit faict appliquer & apposer deux ossements dudict Reliquaire sur les deux yeux, par ledit maistre Toussaints Māgin, où ils reposerēt quelques tēps, & au mesme instant elle y eut de grandes & extremes douleurs, encores que depuis quatre ans qu'elle auoit perdu la veuë entierement elle

ny eust senty aucune douleur, & aussi-
tost que lesdicts ossements furent ostez
de dessus ses yeux, qui distiloient be-
aucoup d'humeur, elle s'escria à cause de la douleur qu'elle y enduroit: Et
à l'instant lesdicts ossements luy furent
remis sur ses yeux pour la deux & troisiesme fois, & iceux ostez, s'escria en ces
mots: Ie voy, ie voy, & sur ce luy fut presenté vn cierge allumé, & interrogee
ce que c'estoit, elle dit que c'estoit vne
chandelle allumée, & tout aussi-tost elle commença a voir, & discerner
les choses & les personnes presentes, en
sorte qu'à l'heure mesme apres auoir
rendu action de grace, elle l'eut les escriteaux de dessus les Reliquaires, a-
uant que ladicte Chasse fust refermee.
Et a continué depuis à veoir, comme
il nous est presentement apparu à l'inspection de sa personne & de ses yeux,
que nous auons recogneu beaux &
clairs, & tels que si elle ny auoit ia-
mais eu aucun mal. Outre nous ont at-
testé qu'vne autre Religieuse, nommée
sœur Claude Alleaume, qui auoit perdu la voix & ne pouuant chanter, il y
auoit dix-huict mois, à cause d'vn grãd
catharre

catarre ou rhume, ayant beu de leau meslangee auec des cendres, terre, ou poussiere, qui s'est trouuee dans ladi-Chasse, en vn petit sachet, a l'instant elle commencea a chanter, & faire office à l'heure mesme au Te deum, qui fut chanté en action de graces, ainsi que ladicte Alleaume a affermé en son particulier, & generallement de toute la compagnee: D'auantage que ladicte sœur Catherine du Fortboys, aagée de vingt-trois ans, paralatique du bras gauche depuis trois ans, à l'application desdictes Reliques sur son bras, elle receut guarison à l'instant, ayant recogneu que sondit bras est aussi fort & r'affermy que l'autre. Que ladite sœur Frãçoise Thierry ayãt vn catarre froid, qui luy tomboit sur les bras & mains, en sorte qu'elle ne pouuoit s'en ayder il y a dix ans, ou enuiron, à l'apliquation & attouchement desdites sainctes Reliques, elle s'est trouuee grandement allegee en ses bras & mains; finalement que quelques autres Religieuses ont receu du soulagements en leurs infirmitez, & incommoditez par l'atouchement desdictes

B

sainctes Reliques. Tout ce que dessus, lesdictes Dames Abbesses & Religieuses ont iuré & affermé estre veritable, apres lecture à elle faicte, ont signé en la minute sœur Françoise de la Chartre Abbesse, sœur Denise de la Chetardie, S. I. Demenou, S. de Hebrard, S. B. Seguinart, & consecutiuement toutes les susnommees Sœur Charlotte le Bret, religieuse professe de l'Abbaye de Faremonstier, fille de noble homme Iacques le Bret Tresorier de France, & de Dame Charlotte de la Chaize, aagee de vingt-sept ans, laquelle apres serment par elle fait, & de nous enquise sur ce qui s'est passé en son endroit à la desente de la Chasse saincte Fare: a dit que dés l'aage de sept ans elle a perdu l'œil senextre, & depuis treize ans qu'elle est en ceste maison, elle a esté grandement trauaillee de l'autre œil, à cause d'vn grand catarre qui luy tomboit sur la veuë, s'estant fait penser & medicamenter dans ledit Monastere: mais voyant que lesdits medicaments ne luy profitoient de rien, elle fut enuoyée par Obedience à Paris par deux diuerses fois, à fin de pouuoir plus cõmodément estre secouruë par les Medecins les plus experimentez cy-deuant nommez, sans que par l'application de leurs remedes ils luy ayent peu bailler aucun soulagement, l'ayant asseurée finalement qu'elle auoit perdu la veuë, & qu'elle auoit les yeux morts, sans esperance de la pouuoir recouurer par medicaments. Et de fait il y a quatre ans & demy qu'elle est demeurée aueugle, les paupieres de ses yeux fermées & closes continuellemēt, sans voir aucune clarté, & sans sentir aucun mouuement ny douleur en sesdits yeux, iusques au iour & Feste de l'Inuention des Reliques S. Estienne, troisiesme iour du present mois d'Aoust, lors que l'on descendit la Chasse saincte Fare, on l'enuoya querir par deux de ses sœurs Religieuses, ne pouuant aller seule pour son infirmité: ainsi que l'on ouuroit ladite Chasse au Chœur des filles, à fin de la venerer comme les autres: Où estant elle auroit prié Maistre Toussaincts Mangin Prestre cy-deuant nommé, de luy poser les ossements de ladite saincte Fare sur les deux yeux, ce qu'il auroit fait,

B ij

& au premier attouchement d'iceux elle y sentit de grandes douleurs, encor qu'elle n'y en eut enduré aucunes depuis le temps qu'elle auoit perdu la veuë; & iceux ossemens y ayant demeurés posez quelque peu de temps, & estant ostez elle auroit apperceu comme quelque rayon de lumiere qui luy esclatta dans les yeux, lesquels s'ouurirent & les paupieres, continuant à se clorre & ouurir librement. Ce qui luy donna subject de prier ledit Mangin de les luy appliquer pour la seconde fois; & estant derechef ostez, à l'instant elle ne veit point, sentit vn grand troublement & renuersement en la veuë, qui dura fort peu de tẽps, & peu d'espace apres elle veid du tout la lumiere, & des ombres, ce qui luy donna quelque peur & fraieur, ne pouuãt bien discerner que c'estoit; & pour la troisiesme fois elle pria que l'on les luy appliquast, & print les mains dudit Mangin à cest effect, entr'ouurant ses paupieres à fin de faire toucher les Reliques sur la prunelle de ses yeux, apres y auoir reposé quelque peu, & estant ostees, elle commença à veoir vne chandelle allumee & les personnes sans les pouuoir cognoistre ny discerner iusques à enuiron vne demie heure apres, qu'elle ferma expres son œil droit, pour cognoistre si elle pourroit veoir de l'œil gauche qu'elle auoit perdu dés l'aage de sept ans, auec lequel elle l'eut vn escriteau qui estoit sur vne Relique, & ainsi sa veuë s'est tellement esclarcie, que des le iour mesme elle escriuit à Monseigneur de Meaux, à ses pere & mere, & à nous, le benefice qu'elle auoit receu de la part de Dieu, laiant continué à veoir, comme il nous est apparu par l'inspection de ses yeux, qui sont beaux & clairs. Ce qu'elle a affermé estre veritable, & a signé en la minutte Sœur Charlotte le Bret indigne de tant de graces.

Maistre Michel Loupuet Prestre du Diocese du Mans, Confesseur ordinaire des Religieuses de l'Abbaye de Faremontier, aagé de 60. ans ou enuiron, lequel apres serment par luy fait, & de nous enquis, à dict qu'il y à deux ans quatre mois ce iourd'huy, qu'il est demeurant en ladite Abbaye, & qu'il fait l'exercice de Confesseur; pendant lequel temps il a veu & cogneu Sœur Charlotte le Bret religieuse professe en ladite Abbaye, aueugle du tout, ayant les paupieres des yeux actuellement fermees, iusques au iour de l'Inuention de Reliques S. Estienne Patron de ce Diocese, troisiesme iour du present mois d'Aoust, auquel iour la Chasse sainte Fare qui auoit esté descenduë le iour precedent fut ouuerte, à fin de faire voir les Reliques aux Religieuses & les venerer, auparauant que de transporter ladite Chasse en la ville de Paris, soubs la crainte que l'on auoit que le Comte Mansfeld ne vint piller & rauager ce pays, & profaner les saintes Reliques. Le Conuent estāt arriué pour faire ladite veneration, on enuoya querir ladite le Bret, qui estoit malade en l'Infirmerie, par deux religieuses, soubs esperance qu'elle receuroit quelque soulagement de Dieu, par les prieres de saincte Fare. Où estāt luy fut appliqué & mis sur les deux yeux, par Maistre Toussainctz Mangin, Prestre & Soubsdiacre en ladite Abbaye, deux petits os desdites Reliques par trois diuerses fois, à la premiere ou seconde position elle s'escria: ie voy quelque chose; ayant les paupieres ouuertes dés la premiere fois, & à la troisiesme elle dit qu'elle voyoit, & luy aiant esté presenté par ledit Mangin vn chandellier auec vne chandelle allumee, recogneut bien que c'estoit vne chandelle allumee, mais ne pouuoit encores discerner les personnes. & enuiron vne demie heure apres qu'elle se fut reposee dans vne des chaires du Chœur, & rendu action de graces à Dieu, elle commença à voir & discerner clairement, iusques à lire l'escriteau d'vne Relique qui luy fut presenté & que depuis ce temps elle voit clairement, & que l'on luy à fait veoir de son escriture. Qui est ce qu'il a dit, & lecture faite, a affermé sa depositiō contenir verité, & a signé en la minutte.

M. Loupuet.

Maistre Antoine Fourré Docteur en Medecine de la Faculté de Montpellier, demeurant à Coulommiers, aagé de trente-cinq ans ou enuiron, lequel apres serment par luy faict, & de nous interrogé: a dict qu'il y a sept à

huict ans qu'il est Medecin ordinaire de l'Abbaye de Faremonstier, pendant lequel temps il a congneu Sœur Charlotte le Bret Religieuse dudit lieu, laquelle il a veu du commencemẽt auoir l'œil gauche fort debile, & auoir vn grand mal à l'œil dextre à cause d'vne grande fluxion qui luy tomboit sur la veuë, pour la guarison de laquelle il auroit vsé de tous les remedes necessaires qu'il auroit peu excogiter en la science de medecine, lesquels ne luy auroient rien profité. Ce que voyant il en auroit donné aduis à Monsieur le Bret son pere, qui l'auroit fait aller à Paris & fait veoir par les plus experimentez Medecins & Chirurgiens qu'il auroit trouué, lesquels l'auroient pensee & medicamentee sans y auoir rien profité non plus que luy, au contraire elle auroit perdu la veuë du tout, & auroit esté ramenee audit Faremonstier les paupieres fermees, il y peut auoir quatre ou cinq ans, depuis lequel temps ladite Religieuse ne sentoit plus de douleur en ses yeux comme elle faisoit auparauant qu'ils fussent fermez, & croit à ce qu'il en a veu que sa
veuë

veuë estoit esteinte & morte, & qu'il ny auoit aucune apparence qu'elle eut peu veoir clair par les remedes humains. Sçait toutesfois qu'à present elle voit bien clair & a les yeux beaux & clairs, ayant appris que sa guarison est arriuee par l'application des Reliques de Madame saincte Fare sur ses yeux le iour S. Estienne dernier, comme de faict il iuge en sa conscience que ceste guarison a esté faite par miracle, d'autant qu'elle a esté clair-voyante en vn instant, qui est tout ce qu'il a dit en sçauoir, apres lecture faicte de sa deposition, a affermé icelle contenir verité, & a signé en la minutte. Fourré.

Maistre Toussaincts Mangin, Prestre du Diocese de Meaux, demeurant en l'Abbaye de Faremonstier, aagé de 41. an ou enuiron, lequel apres serment par luy fait, & de nous enquis: A dict qu'il cognoist Sœur Charlotte le Bret Religieuse depuis qu'elle est audit Faremonstier, aiant tousiours eu mal aux yeux, & qu'il y a quatre à cinq ans ou enuiron qu'elle est demeuree aueugle du tout ayant les paupieres fermees, iusques au troisiesme iour de ce present

C

mois d'Aoust iour de l'Inuention des Reliques S. Estienne, auquel iour le deposant auec Maistre Michel Loupuet auroient esté mandez par la Dame Abbesse pour faire ouuerture de la Chasse saincte Fare premiere Abbesse & fondatrice de ladite Maison, auparauant que de l'enuoyer à Paris en lieu de seureté, sur la crainte qu'ils auoient du Comte de Mansfeld & autres gens de guerre heretiques que l'on disoit vouloir entrer en France: sur le dessein que l'on auoit de l'enuoyer à Paris & de fait ladite Chasse auroit esté ouuerte par le deposant en presence de ladite Dame Abbesse & son Conuent, où auroient esté trouuez plusieurs ossements du corps de ladite saincte Fare, lesquels estans tirez de la Chasse & posez sur vne table par le deposant & ledit Loupuet, ils auroient fait baiser à toutes les Religieuses l'vne apres l'autre, entre lesquelles fut amenée ladite sœur le Bret, à laquelle le deposant fit baiser vn ossement de ladite saincte Fare & toucher aux yeux, laquelle le Bret lui retint la main pour laisser ledit ossement sur l'vn de ses yeux, le priant de prendre encore vn autre osemēt pour luy appliquer sur l'autre, ce qu'il fit, & les laissa posez enuiron l'espace d'vn *Miserere* pour la premiere fois, laquelle se retira d'elle mesme & ouurit les yeux, disant à haute voix, *ie voy, ie voy quelque chose*, au grand estonnement de toute la compagnie: ladite le Bret auec ladite Dame Abbesse prierent le deposant de les luy appliquer pour la seconde fois, ce qu'il fit comme au precedent, & les laissa l'espace de deux *Miserere* ou enuiron, puis elle se retira, disant que les yeux luy faisoient grand mal, & s'escria pour la seconde fois, *ie voy, ie voy*, lors luy fut par le deposant demandé si elle le voioit bien, elle respondit qu'ouy, mais qu'elle ne le cognoissoit pas, & luy monstrant vn cierge allumé & demandant que c'estoit, elle respondit que c'estoit vne chandelle allumée, à l'heure mesme ladite Dame Abbesse luy commanda de se mettre à genoux & remercier Dieu, ce qu'ayant fait elle auroit prié le deposant luy appliquer lesdits osements pour la troisiesme fois, ce qu'il fit, laquelle le Bret les fit toucher à la pru-

C ij

nelle de ses yeux, où ils demeurerent par l'espace de deux *Miserere* ou enuiron, & durant ces espaces elle se plaignoit que ses yeux luy faisoient mal & pressoit lesdits ossements contre iceux toutes les trois fois, estant retirez pour la troisiesme fois, s'escria Ie voy, ayant les yeux ouuerts, à laquelle on presenta vn liure & elle leut dedans, & quelque peu apres on luy presenta quelques escriteaux desdites Reliques à lire ce qu'elle fit facilement, & commença à cognoistre les Religieuses qu'elle auoit veu auparauant son aueuglemēt, dict en outre que le soir dudit iour enuiron les huict à neuf heures le deposant veit ladite le Bret qui auoit les yeux beaux & clairs, & luy monstra de l'escriture qu'elle venoit d'escrire. Comme aussi nous a dit auoir appris de plusieurs Religieuses qu'elles ont receu plusieurs allegemens & guarisons, apres auoir baisé & touché lesdites Reliques. Qui est tout ce qu'il a dict sçauoir, affermant sa presente deposition contenir verité apres lecture faite, & a signé. Mangin.

Pierre Alexandre, fils de Theophile

Alexandre, faisant office de Clerc en l'Abbaye de Faremonstier, aagé de 20. ans, lequel apres serment par luy faict, a dict auoir esté preset le iour S. Estienne dernier lors que l'on faisoit veoir les Reliques saincte Fare aux Religieuses de Faremonstier, Maistre Toussaincts Mangin Prestre faisoit toucher des ossemens & Reliques de saincte Fare aux yeux de sœur Charlotte le Bret Religieuse dudit lieu qui estoit aueugle dés il y a long temps, lesquels aussi tost qu'ils furent ostez de dessus ses yeux, elle s'escria en ces mots, *ie voy, ie voy*, & depuis ce temps elle a continué à veoir clair, & a les yeux beaux. Qui est ce qu'il a dit sçauoir, & lecture à luy faite de sa deposition, a affermé icelle contenir verité & a signé, Alexandre.

Et le Dimanche septiesme iour dudit mois d'Aoust, nous aurions recogneu que le bruit & la renommée de ceste guerison auoit tellement preualu qu'elle auroit incité plusieurs personnes & en grand nombre de l'vn & l'autre sexe des lieux circonuoisins, de se trãsporter audit Faremonstier pour en estre plus certains, & en rendre graces

C iij

à Dieu & à ladite saincte Fare, s'estant trouué audit lieu iusques au nombre de sept Precessions des villages les plus proches. Comme aussi que ladite Dame Abbesse auroit enuoyé aduertir les Chanoines & Chapitre de Chapeaux Diocese de Paris de ladite merueille, afin de deputer quelques vns d'entr'eux (comme estant ladite saincte Fare leur Fondatrice) pour se transporter audit Faremonstier, & rendre les mesmes actions de graces, lesquels auroient deputé Maistres Pierre le Brun Preuost & Chanoine, & Nicolas Iourrazier aussi Chanoine & Procureur dudit Chapitre, qui s'y sont transportez ledit iour sixiesme d'Aoust, & esté presents à la confection de nostre procez verbal, recogneu auec nous la verité de la guarison extraordinaire de ladite le Bret, par la voix commune desdites Dame Abbesse, & Religieuses & autres personnes, & à c'est effect auroient celebré la Messe ledit iour de Dimanche, & porté processionnellement la Chasse de ladite saincte Fare du Chœur des Religieuses iusques deuant le grand Autel. Et enuiron les quatre heures de releuee à l'issuë des Vespres conuentuelles, la Predication ayant esté faicte par le Pere Durand Gardien du Conuent des Cordeliers de Soissons, la Procession generalle auroit esté faicte au Bourg dudit Faremonstier, & ladite Chasse portee par lesdits Iourrazier & le Brun auec plusieurs autres Reliquaires de ladite Abbaye portez par les autres Ecclesiastiques: où auroient aussi assisté lesdites Processions & particulierement les Curé & Chanoines dudit Faremonstier, qui pareillement auroient assisté à toutes lesdites actions de graces, & recongneu la verité de tout ce que dessus, dont & dequoy nous en auons faict & dressé le present procez verbal, redigé par escrit par ledit Promoteur les an & iour que dessus. Signé en la minute de Launoy, le Brun, Iourrazier, Thierry, Fleuriot, Laurent, Delaistre & Cheuallier.

Ensuiuent les Attestations & Certificats de quelques Medecins, Apoticaire & Chirurgiens qui ont pensé ladite le Bret.

Nous soubsfignez Docteurs Regents en la faculté de Medecine en l'Vniuefité de Paris, Confeillers & Medecins du Roy, certifions qu'en l'annee mil fix cens dix-huict, és mois de Feurier & Mars, nous fufmes appellez au logis de Noble homme Maiftre Iacques le Bret, Confeiller du Roy Treforier general de France à Paris, ruë & proches les enfans rouges, pour y veoir fœur Charlotte le Bret fa fille, Religieufe à Faremonftier, fe plaignant de grandes douleurs de teftes & des yeux, lefquels elle ne pouuoit ouurir d'elle mefme, mais côme nous les eufmes ouuerts en leuant les paupieres auec nosdoigts, nous apperceufmes la confufion des humeurs telle que nous iugeafmes impoffible aux hommes de luy faire recouurer la veuë qu'elle auoit perduë depuis deux ou trois mois, & quant à la douleur de la tefte & des yeux, qu'elle ne cefferoit point que la lumiere des yeux ne fut du tout efteinte. Faict à Paris pour certificat, ce dix-huictiefme Aouft 1622. Signé, Duret, & Seguin.

Nous

Nous soubsignez Antoine Olim, Maistre Apoticaire, Espicier à Paris, & Lucas Crochart, Maistre Chirurgien à Paris, certifions à tous qu'il appartiendra, que nous auons esté appellez auec Messieurs Duret, & Seguin, pour veoir & penser sœur Charlotte le Bret Religieuse à Faremonstier, laquelle auoit des douleurs de teste grandes & insuportables, auec fluxion sur les yeux, de façon qu'elle ne pouuoit se conduire, ayant confusion aux humeurs de tous les deux yeux, de façon que nous iugeasmes la veuë perduë, ce que certifions estre vray, tesmoing nos seings cy mis, les iours & an que dessus. Signé, Crochart & Olim.

Ego subsignatus Medicus Illustrissimæ & Potentissimæ Principis D. D. de Bourbon, profiteor Carolam le Bret, Monialem Deo sacram ab hinc duodecim aut tredecim annis in oculorum grauissimum affectum incidisse, cum iamdiu à cunabulis infirmum & debilem visum habuerit, & hinc symptomati propensa fuerit, &

D

procliuis, itaut etiam à multis iudica-
ta sit breui cæcam futuram, Ego qui-
dem pro officio idem fermè iudicium
præbui & existimaui non paulo post in
hallucinationem imò in veram ἀμαύ-
ρωσιν deuenturam remedijs poten-
tissimis in eius morbi curationē vsum
est, vt quod imminebat periculum
longius excursaret, Medici percele-
bres in hanc rem vocati de sanitate
desperarunt, ita vt nullus locus, nulla
spes visus affulgeret, & ita viribus naturæ relicta est, scilicet an aliquid mo-
liretur in posterum sed vndique spes
sublapsa refertur, tandem neque vir-
tute naturæ, neque salutaribus remedijs aliquid inde profecimus at in peius
incidit & cæca omnino euasit, Postre-
mò per Dei misericordiam quinque
annis à cæcitate perfecta, vel ab humo-
ribus περιχόδοι vel alienæ materię à
cerebro decidentis obstructione, vel
membranarum caligine, vel nerui op-
tici compressione quæ spirituum im-
pediebat aditum vel alijs multis causis,
inde ventum est vt contactu sancta-
rum reliquiarum Diuæ Pharæ, & os-
sium eiusdem sanctæ osculatu vi-

sum recuperarit, & huiusmodi vt non solum corpora crassiora videat, sed & minutissima quæque, imò & legat & scribat, & reliqua omnia naturæ oculorum munia perficiat. Quod sanè miraculo apponi debet cum à priuatione denuo habitus naturæ, etiam summa contentione comparari non possit. In cuius miraculi fidem testimonium hic meo chyrographo repono. Datum decimo quarto Cal. Septembris, millesimo sexcentesimo vigesimo secundo. Abbatissa dignissima & pijssima rectrice Coenobij D. D. de la Chastre. signatum, Linocier Medicus.

Signé, Cheualier.   Delaistre.

DECLARATION.

NOvs Iean de Vieupons, par la permission Diuine Euesque de Meaux, à tous presens & aduenir: salut en nostre seigneur. Apres auoir exactement veu, leu & consideré le procez verbal de nostre Vicaire general, fait de nostre Ordonnance cy dessus transcrit en forme vallable & authentique, auec les certificats des Medecins, Chirurgien & Apoticaire, qui ont pensé & medicamenté ladite sœur Charlotte le Bret d'vn mal d'yeux, qui enfin luy auoit fait perdre la veuë & l'auoit reduite à vne entiere cæcité & aueuglement qui luy auroit continué plus de quatre ans & demy, & iusques à ce qu'elle en auroit esté entierement & parfaictement guarie & deliuree par l'attouchement des Reliques de la bien-heureuse saincte Fare, fondatrice & premiere Abbesse dudit Monastere, le iour de l'Inuention de Reliques de S. Estienne, troisiesme iour d'Aoust dernier en la maniere portee par ledit procez verbal. Auons de nostre authorité Episcopale declaré & decla-

rons que ladite guarison d'aueuglement & cæcité en ladite le Bret, est
œuure de Dieu vrayemēt miraculeux,
pour memoire duquel nous ordon-
nons que la Dame Abbesse en fera gra-
uer l'Histoire à l'abregé dans vne lame
de cuiure qui sera attachee contre la
muraille de l'Eglise, en lieu d'où elle
puisse estre veuë & leuë d'vn chacun,
& que le iour de saincte Fare septiesme de Decēbre sera desormais solem-
nisé par tous les Ecclesiastiques de
nostre Diocese d'Office double. En
tesmoin de quoy nous auons signé ceste nostre declaration, de nostre seing
manuel, & fait contresigner par nostre
Secretaire, & y apposer le seel de
nos armes. Faict ce 9. Decembre 1622

I. DE VIEVPONT, E. de Meaux.

www.ingramcontent.com/pod-product-compliance
Lightning Source LLC
Chambersburg PA
CBHW060918050426

42453CB00010B/1789